Impressum
Verlag: DADADADA GmbH, Nedderfeld 112 , 22620 Hamburg
Geschäftsführer / Verlagsleitung: Harald Hof
Druck: Books on Demand GmbH, In de Tarpen 42, 22848 Norderstedt

Imprint
Publisher: BABADADA GmbH, Nedderfeld 112 , 22529 Hamburg, Germany
Managing Director / Publishing direction: Harald Hof
Print: Books on Demand GmbH, In de Tarpen 42, 22848 Norderstedt

school
duɗal

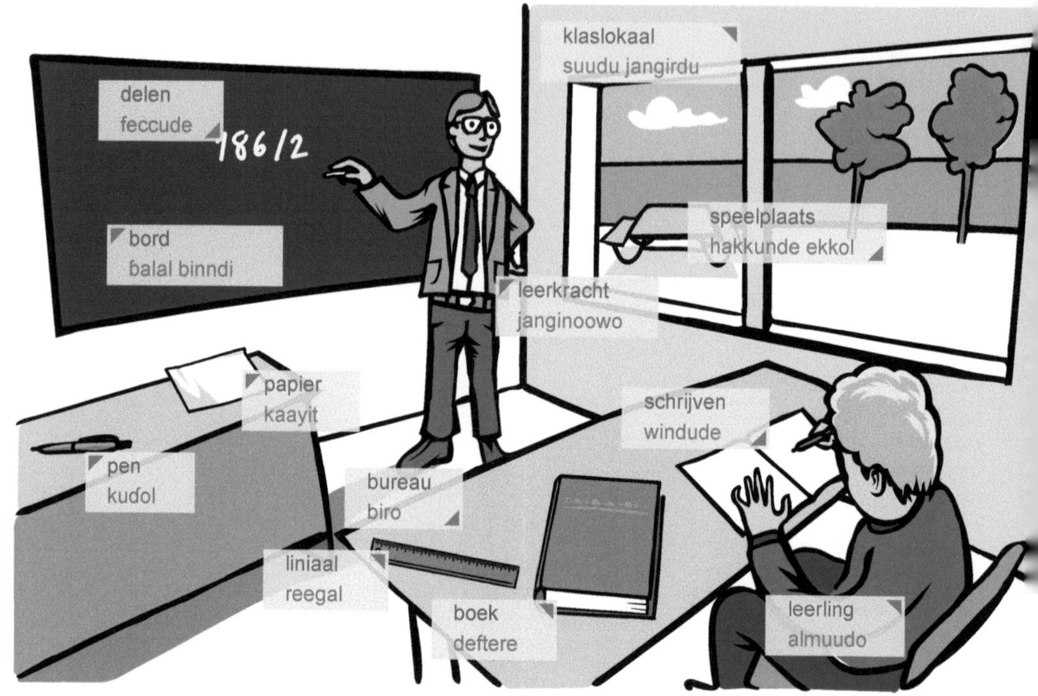
klaslokaal
suudu jangirdu
delen
feccude
186/2
bord
ɓalal binndi
speelplaats
hakkunde ekkol
leerkracht
janginoowo
papier
kaayit
schrijven
windude
pen
kuɗol
bureau
biro
liniaal
reegal
boek
deftere
leerling
almuudo

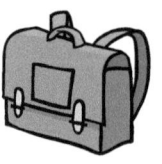

schooltas
kartaabal

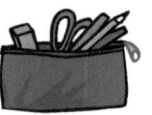

pennenzak
moftirdo kereyonji

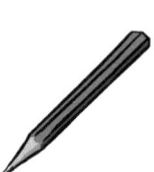

potlood
kereyo

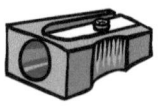

puntenslijper
ceeɓnirgel kereyon

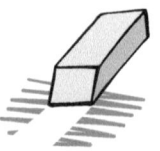

gom
momtirgel

tekenblok
alluwal ciifirgal

tekening
ciifgol

verfborstel
limsere pentirteeɗo

verfdoos
suwo pentirɗo

schaar
sisooji

lijm
ɗakkorgal

werkboek
deftere ekkorgal

huiswerk
golle janŋde

12

nummer
niimara

2+2

optellen
ɓeydude

5-2

aftrekken
ustude

2×2

vermenigvuldigen
ɓeydude keeweendɪ

rekenen
qimaade

A

letter
bataake

ABCDEFG HIJKLMN OPQRSTU VWXYZ

alfabet
karfeeje

hello

woord
kongol

tekst

bindol

Lezen

jangude

krijt

bindirgal

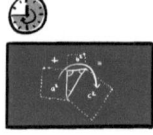

les

darsu

klassenboek

winditaade

examen

egsame

certificaat

sartifika

schooluniform

comcol duɗal

onderwijs

janŋde

encyclopedie

ansikolopedi

universiteit

duɗal jaaɓi haɗtirde

microscoop

mikoroskop

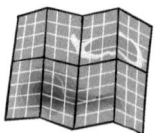

kaart

kartal

papiermand

suwo kurjut

reis
ɗannagol

hotel
otel
Grand
jeugdherberg
obers
ROOMS
wisselkantoor
nokku beccugol e neldugol
EXCHANGE
koffer
waxannde
auto
oto

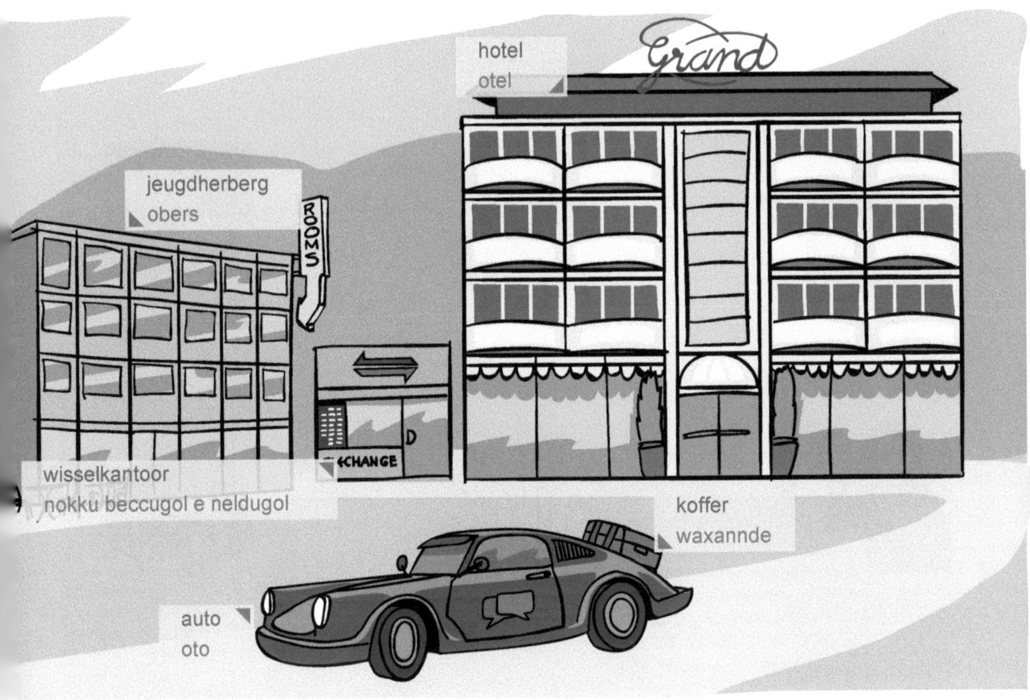

Taal

ɗemngal

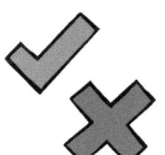

ja / nee

Eey / ala

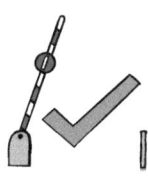

oké

Moƴƴi

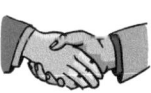

hallo

mbaɗɗa

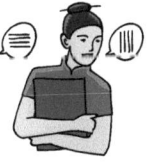

vertaler

pirtoowo

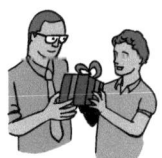

bedankt

A jaraama

Hoeveel kost ...?

no foti...?

Ik begrijp het niet

Mi faamaani

probleem

hanmi

Goedenavond!

Jam hiri!

Goedemorgen!

Jam waali!

Goedenavond!

Mbaalen e jam!

Tot ziens

ñande woɗnde

richting

laawol

bagage

bagaas

zak

saawdu

rugzak

saawdu wambateendu

gast

koɗo

kamer

suudu

slaapzak

njegenaaw

tent

caalel ladde

toeristeninformatie

kabaruuji tuurist

strand

tufnde

kredietkaart

kartal banke

ontbijt

kacitaari

lunch

bottaari

avondeten

hiraande

ticket

biye

lift

suutde

postzegel

tampon

grens

keerol

douane

duwaan

ambassade

ambasad

visum

wiisa

paspoort

paaspoor

transport

taraspoor

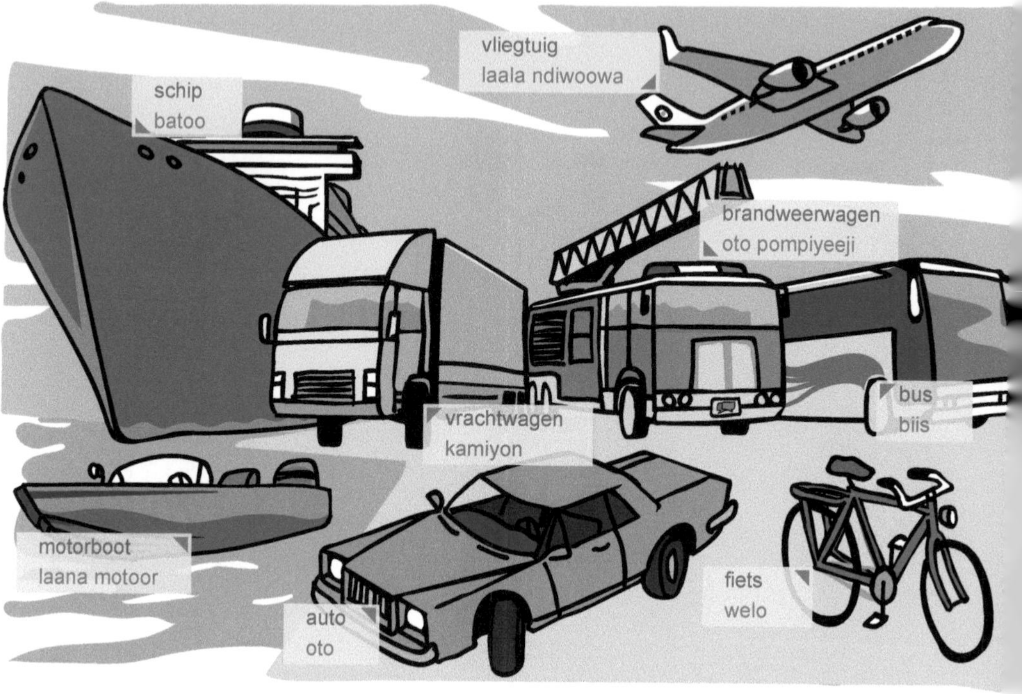

vliegtuig
laala ndiwoowa
schip
batoo
brandweerwagen
oto pompiyeeji
bus
biis
vrachtwagen
kamiyon
motorboot
laana motoor
fiets
welo
auto
oto

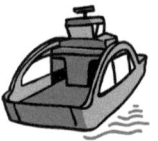

veerboot

batoo

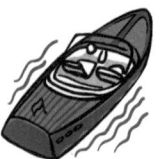

boot

laana

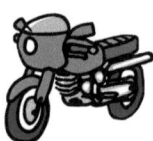

motor

welo

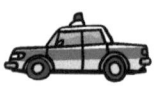

politiewagen

oto polis

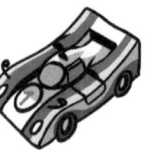

racewagen

oto dogirteeɗo

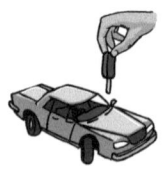

huurauto

oto luwateeɗo

carpoolen

dendugol oto

sleepwagen

oto dandoowo goɗɗo

vuilniswagen

oto kurjut

motor

motoor

benzine

karbiran

benzinestation

nokku esaans

verkeersbord

tintinooje yaangarta

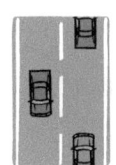

verkeer

yaa ngarta

file

jiiɓo yaa ngarta

parkeerplaats

dingiral otooji

station

dingiral laana leydl

sporen

laabi

trein

laana leydi

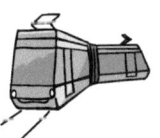

tram

laana ndegoowa

wagon

saret

helikopter

elikopteer

luchthaven

ayrepoor

toren

tuur

passagier

wonɓe e laana

container

konteneer

karton

karton

kar

duñirgel kaake

mand

basket

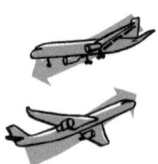

opstijgen / landen

diwde / juuraade

stad

wuro mowngu

dorp

wuro

stadscentrum

hakkunde wuru wowngo

huis

galle

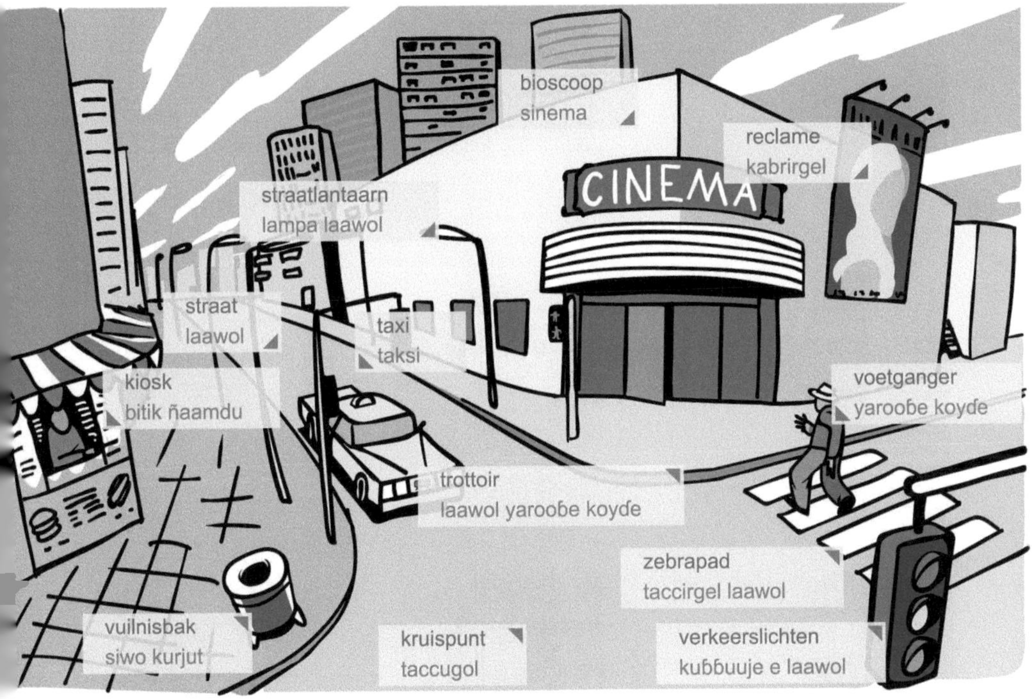

bioscoop
sinema

reclame
kabrirgel

straatlantaarn
lampa laawol

CINEMA

straat
laawol

taxi
taksi

kiosk
bitik ñaamdu

voetganger
yaroobe koyɗe

trottoir
laawol yaroobe koyɗe

zebrapad
taccirgel laawol

vuilnisbak
siwo kurjut

kruispunt
taccugol

verkeerslichten
kuɓɓuuje e laawol

hut

tiba

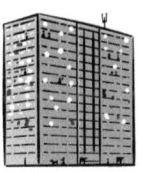

woning

ko foti

station

dingiral laana leydi

stadshuis

meeri

museum

miise

school

duɗal

universiteit

dudal jaabi hadtirde

bank

banke

ziekenhuis

suudu safirdu

hotel

otel

apotheek

farmasi

kantoor

gollirgal

boekwinkel

suudu defte

winkel

bitik

bloemenwinkel

jeyoowo fuloraaji

supermarkt

sipermarse

markt

jeere

warenhuis

madase mawdo

vishandelaar

jeyoowo liddi

winkelcentrum

nokku coodateedo

haven

poor

park
park

bank
joodorgal

brug
taccirgal

trap
ŋabbirde

metro
laawol metero

tunnel
laawul les leydi

bushalte
fongo biis

bar
baar

restaurant
restora

brievenbus
buwaat postaal

straatnaambord
lewñowel laawol

parkeermeter
to otooji ndaroto

zoo
nokku kullon

zwembad
pisin

moskee
jama

boerderij
ngesa

milieuverontreiniging
gakkingol hendu

kerkhof
bammule

kerk
egiliis

speelplaats
dingiral

tempel
tampl

landschap
yiyande taariinde

blad
baramlefol

wegwijzer
tugayal tintinirgal

weg
laawol

weide
Huɗo sukkuko

steen
haayre

boom
lekki

wandelaar
ŋayloowo

rivier
maayo

gras
huɗo

bloem
fuloor

vallei

nokku kaañe mawɗe to
ndiyam dogata

heuvel

waande

meer

weedu

bos

ladde

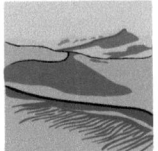

woestijn

ladde yoornde

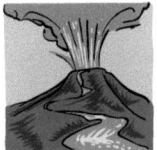

vulkaan

wolkan

kasteel

satoo

regenboog

timtimol

paddenstoel

sampiñon

palmboom

leki palm

mug

ɓowngu

vlieg

diwde

mier

njabala

bijl

mbuubu ñaak

spin

njabala

landschap - yiyande taariinde   15

kever

hoowoyre keppoore

kikker

faabru

eekhoorn

doomburu ladde

egel

sammunde

haas

fowru

uil

pubbuɓal

vogel

colel

zwaan

kakeleewal ladde

wild zwijn

mbabba tugal

hert

lella

eland

Nagge nde galladi cate

dam

baraas

windturbine

masiŋel battowel hendu jeynge

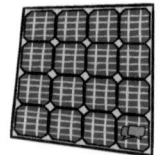

zonnepaneel

Lowowel nguleeki

klimaat

kilima

restaurant
restora

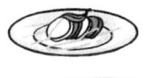

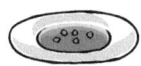

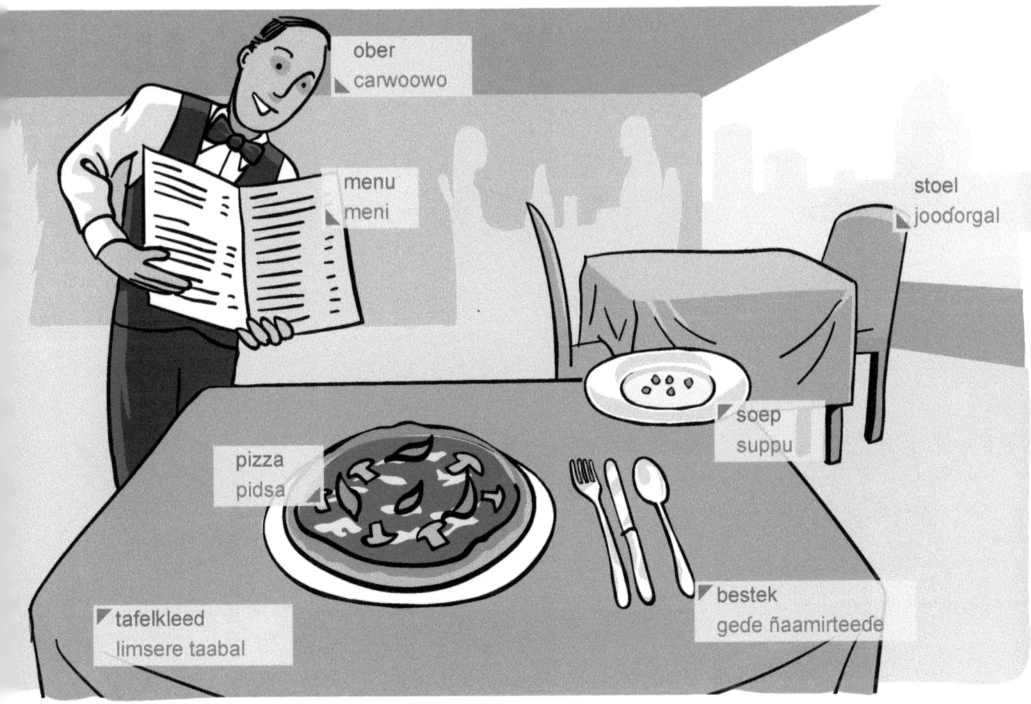

ober
carwoowo
menu
meni
stoel
joodorgal
soep
suppu
pizza
pidsa
bestek
geɗe ñaamirteeɗe
tafelkleed
limsere taabal

voorgerecht

tongitirgel

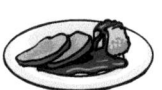

hoofdgerecht

ñaamdu nguraandi

nagerecht

tuftorogol

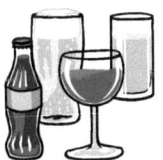

drankjes

njaram

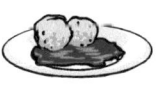

eten

ñaamdu

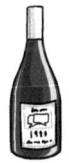

fles

butel

fastfood

fast fud

street food

ñaamdu laawol

theepot

baraade

suikerpot

cupayel suukara

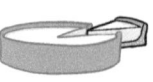

portie

geɗel

espressomachine

Masinŋ kafe

kinderstoel

jooɗorgal toowngal

rekening

biye

dienblad

ñorgo

mes

paaka

vork

furset

lepel

kuddu

theelepel

nokkere kuddu

serviette

sarbet

glas

weer

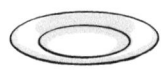

bord
palaat

soepbord
palaat suppu

schoteltje
cupayel

saus
soos

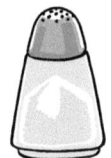

zoutvatje
pot lamdam

pepermolen
moññirgal poobar

azijn
bineegara

olie
nebam

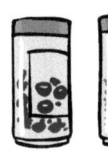

kruiden
kaadnooje

ketchup
ketsap

mosterd
mullard

mayonaise
mayonees

supermarkt
sipermarse

aanbieding
ngustugul coggu
FOR
klant
kiliyaan
zuivelproducten
kosameeje
fruit
ɓikkon leɗɗe
winkelwagen
daasirgel

BUTCHERS

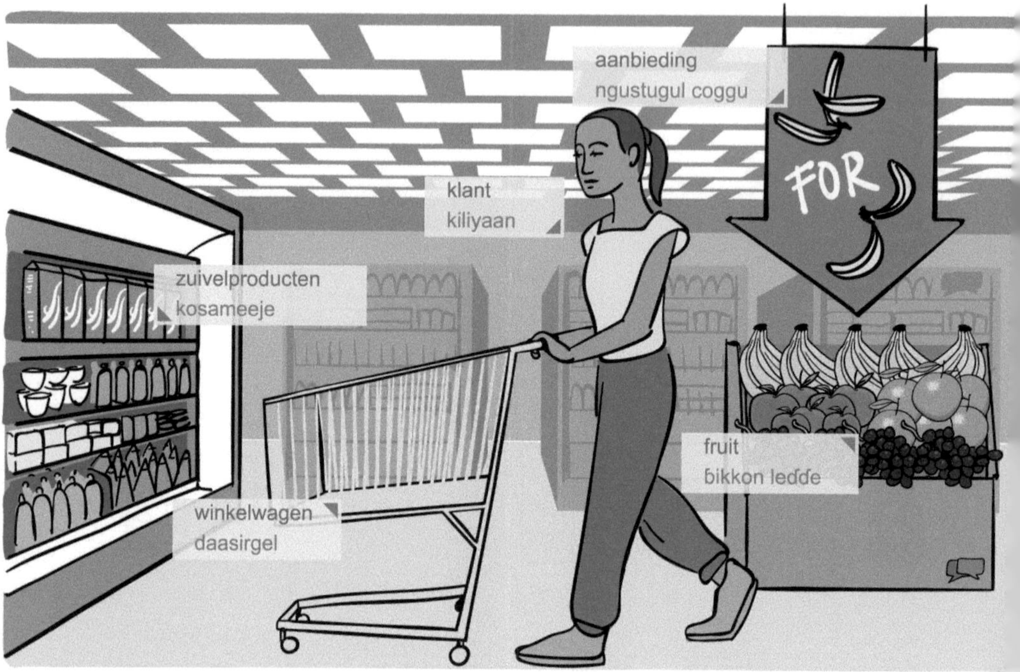

slagerij

jeyoowo teew nagge

BAKERY

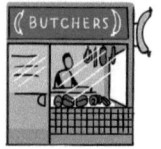

bakkerij

juɗoowo mburu

wegen

ɓetde

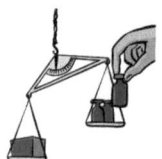

groenten

lijim

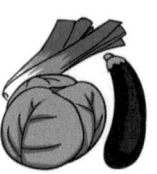

vlees

teew

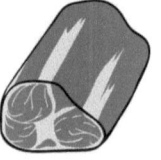

diepvriesvoedsel

ñaamdu ɓumnaandu

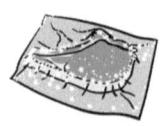

charcuterie

teew moftaaɗo

conserven

ñaamdu nder buwat

waspoeder

condi lawyirteendu

snoep

bonboonji

huishoudproducten

geɗe ngurdaaɗe

schoonmaakproducten

porodiwiiji laaɓnirni

verkoopster

julaaajo

kassa

haa

kassier

kestotooɗo

boodschappenlijstje

limto coodateeɗi

openingstijden

waktuuji golle

portefeuille

kalbe

kredietkaart

kartal banke

tas

saak

plastieken zakje

saak dalli

water
ndiyam

sap
njaram

melk
kosam

cola
ỹulmere

wijn
sangara

bier
sangara

alcohol
sangara

cacao
kakao

thee
ataaya

koffie
kafe

espresso
kafe jon jooni

cappuccino
kafe italinaabe

banaan

banaana

appel

pom

sinaasappel

oraas

meloen

dende

citroen

limonŋ

wortel

karot

knoflook

laay

bamboe

lekki bambu

ajuin

basalle

champignon

sampiñon

noten

gerte

noodles

espageti

spaghetti

espageti

rijst

maaro

salade

salaat

frieten

firit

gebakken aardappelen

faatat cahaaɗo

pizza

pidsa

hamburger

amburgeer

sandwich

sandiwis

kalfslapje

buhal baddangal e lijim

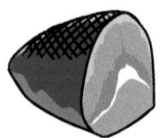

ham

buhal teew

salami

kaane biyeteeɗo sosison

worst

sosis

kip

gertogal

braden

defaɗum

vis

liingu

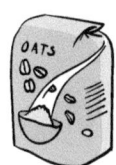

havervlokken

ndefu gabbe kuwakeer

muesli

njilɓundi aɓuwaan e gabbe goɗɗe

cornflakes

kornfelek

bloem

farin

croissant

kurwasa

pistolet

pe o le

brood

mburu

toast

mburu juɗaaɗo

koekjes

mbiskit

boter

nebam boor

kwark

kosam kaaɗɗam

taart

gato

ei

ɓoccoonde

spiegelei

moccoonde fasnaande

kaas

foromaas

ijs

kerem galaas

suiker

suukara

honing

njuumri

confituur

teew nagge

choco

nirkugol sokkola

curry

suppu kaane

boerderij

ngesa

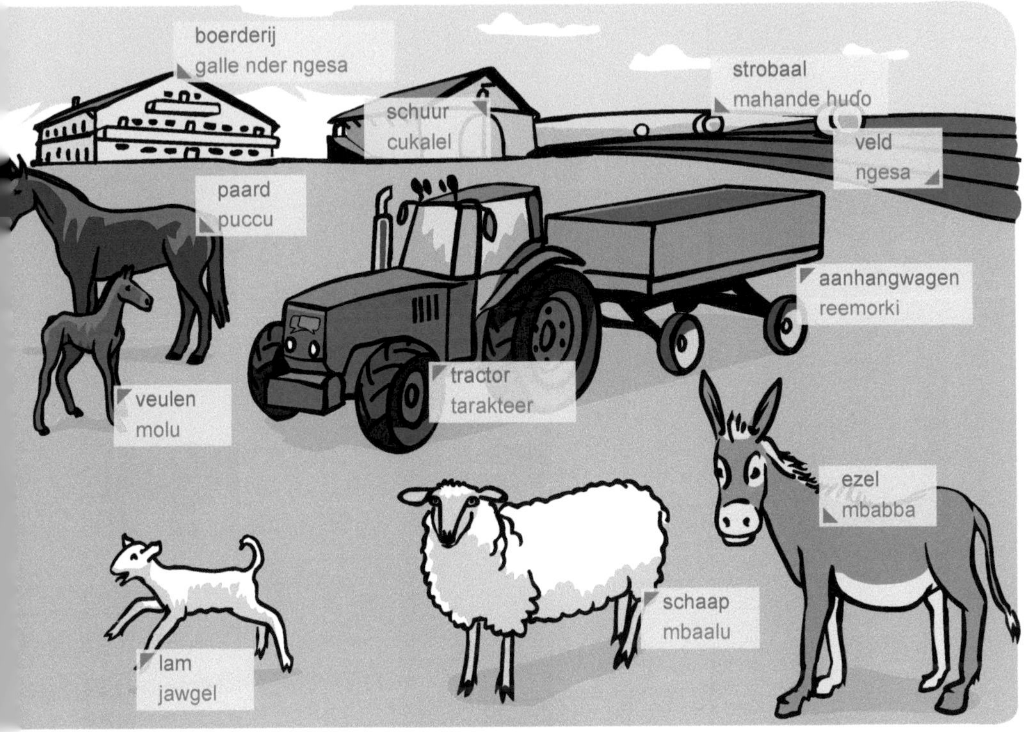
boerderij
galle nder ngesa
schuur
cukalel
strobaal
mahande huɗo
veld
ngesa
paard
puccu
aanhangwagen
reemorki
tractor
tarakteer
veulen
molu
ezel
mbabba
schaap
mbaalu
lam
jawgel

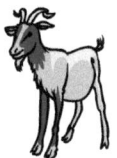

geit

ndamdi

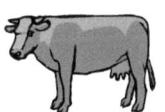

koe

nagge

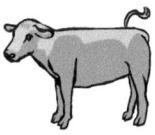

kalf

mbeewa

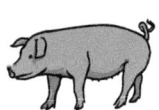

varken

mbabba tugal

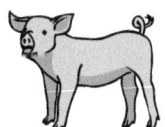

biggetje

ɓingel mbabba tugal

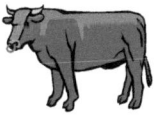

stier

ngaari ladde

gans

jarlal ladde

eend

gerlal

kuiken

cofel

kip

jarlal

haan

ngori

rat

doomburu

kat

ullundu

muis

doomburu

os

nagge

hond

rawaandu

hondenhok

nokku dawaaɗi

tuinslang

tiwo sardin

gieter

doosirgal

zeis

wofdu mawndu

ploeg

masinŋ demoowo

sikkel

wofdu

schoffel

coppirgal

hooivork

rato

bijl

hakkunde

kruiwagen

buruwet

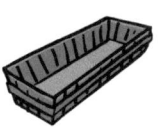

trog

mbalka

melkkan

kosam buwat

zak

saak

hek

kalasal galle

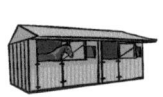

stal

nokku pucci

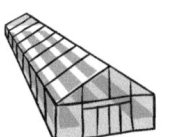

broeikas

inexlstant

bodem

leydi

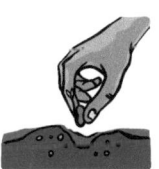

zaad

abbere

mest

nguurtinooje leydi

maaidorser

masinŋ coñirteeɗo

oogsten

soñde

oogst

soñde

yam

ñambi

tarwe

bele

soja

soja

aardappel

faatat

maïs

maka

koolzaad

abbere lekki kolsa

fruitboom

lekki firwiiji

maniok

ñambi

graan

sereyaal

huis
galle

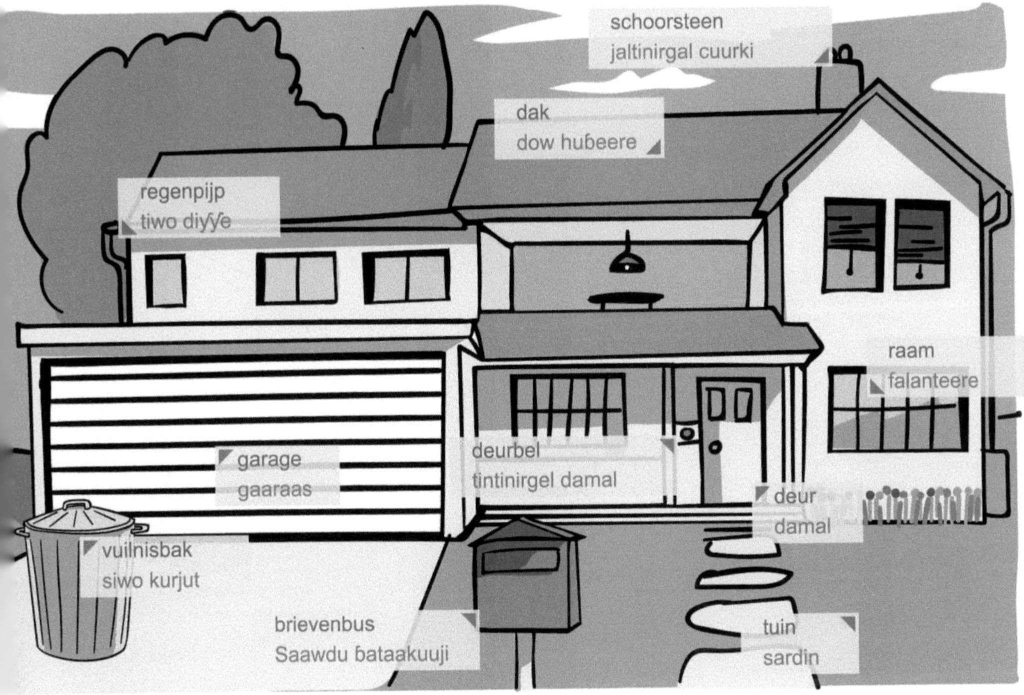
schoorsteen
jaltinirgal cuurki
dak
dow huɓeere
regenpijp
tiwo diyʃe
raam
falanteere
garage
gaaraas
deurbel
tintinirgel damal
deur
damal
vuilnisbak
siwo kurjut
brievenbus
Saawdu ɓataakuuji
tuin
sardin

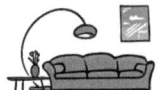

woonkamer

suudu yeewtere

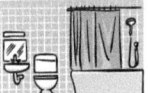

badkamer

tarodde

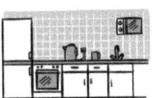

keuken

waañ

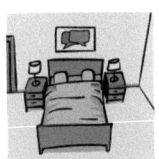

slaapkamer

suudu waalduru

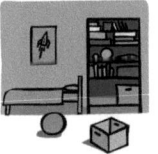

kinderkamer

suudu sakaaɓe

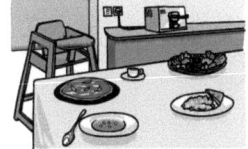

eetkamer

suudu hiraande

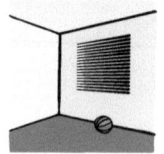

vloer
karawal

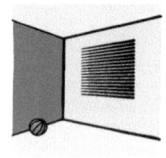

muur
ɓalal

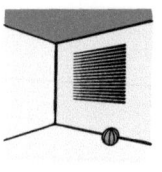

plafond
asamaan suudu

kelder
faawru

sauna
soona e ɗemngal farase

balkon
balko

terras
teeraas

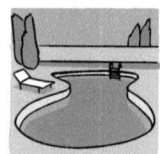

zwembad
pisin

grasmaaier
keefoowo huɗo

dekbedovertrek
darap

dekbed
darap

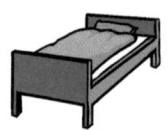

bed
leeso

bezem
pittirgal

emmer
suwo

schakelaar
ñifirgel

woonkamer
suudu yeewtere

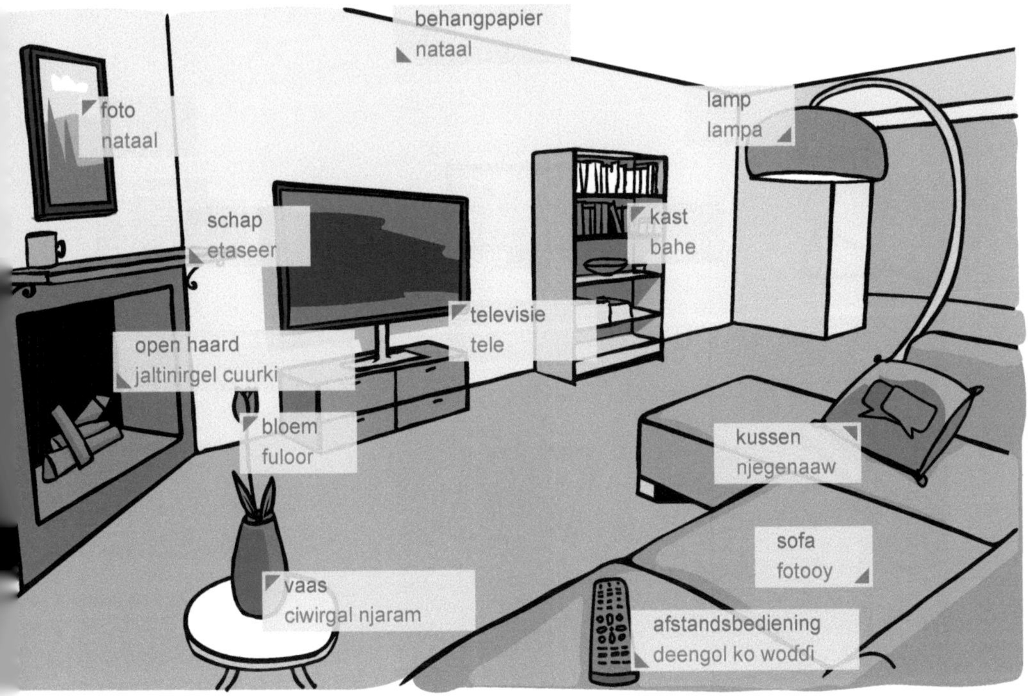
behangpapier
nataal
foto
nataal
lamp
lampa
schap
etaseer
kast
bahe
televisie
tele
open haard
jaltinirgel cuurki
bloem
fuloor
kussen
njegenaaw
sofa
fotooy
vaas
ciwirgal njaram
afstandsbediening
deengol ko woɗɗi

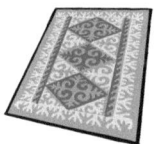

mat
tappi

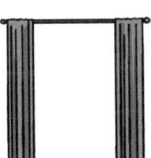

gordijn
rido

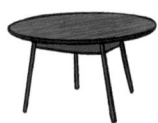

tafel
taabal

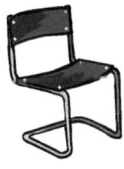

stoel
jooɗorgal

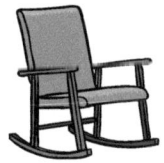

schommelstoel
jooɗorgal timmungal

fauteuil
jooɗorgal tuggateengal

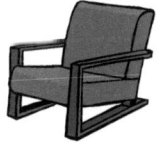

boek

deftere

deken

cuddirgal

decoratie

jooɗnugol

brandhout

leɗɗe kuɓɓateeɗe

film

filmo

stereo-installatie

materiyel hi-fi

sleutel

coktirgal

krant

kaayit kabaruuji

schilderij

pentirgol

poster

posteer

radio

rajo

notitieboekje

teskorgel

stofzuiger

ɓoɗowel pusiyeer

cactus

kaktis

kaars

sondel

keuken
waañ

koelkast
buubnirgal
microgolfoven
fuur kuura
keukenweegschaal
peesirgal waañ
broodrooster
cahirteengel
afwasmiddel
laawyirgel
oven
fuur
vriesvak
konselateer
vuilnisbak
siwo kurjut
vaatwasmachine
lawyirgel kaake

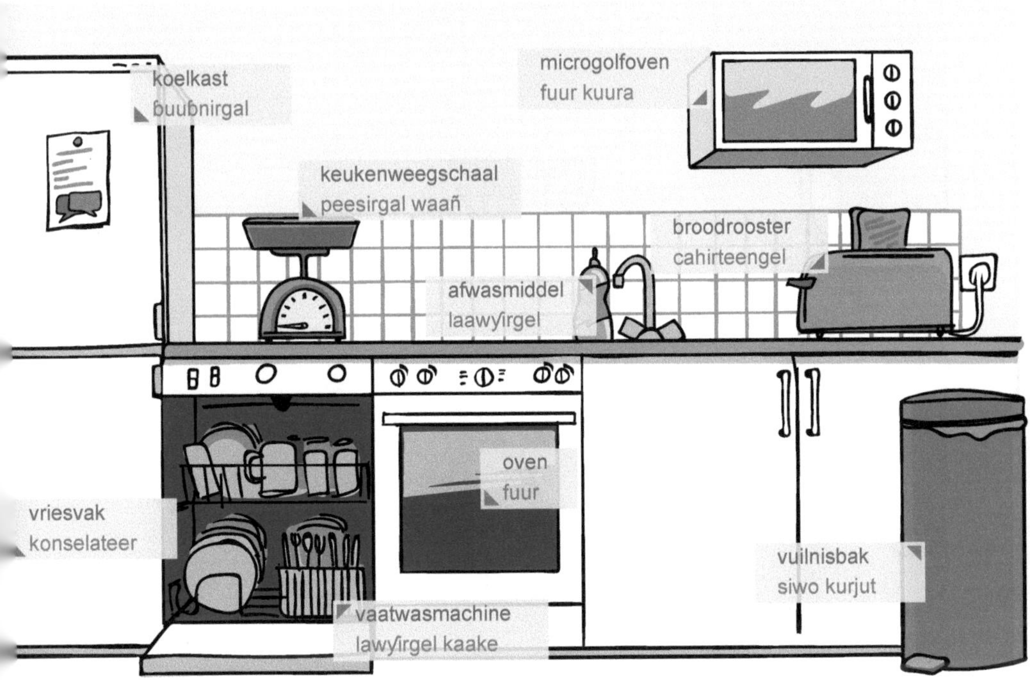

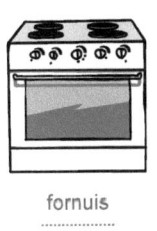

fornuis
fuurno

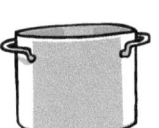

pot
pot

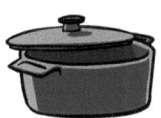

gietijzeren pot
barme

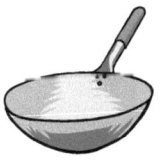

wok / kadai
kasorol

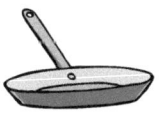

pan
kasorol

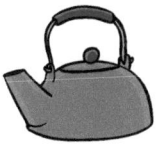

waterkoker
satalla

stoomkoker

suppere defirteende

bakplaat

pool defirteeɗo

servies

lawyũgol kaake

mok

pot jarduɗo

kom

suppeere

eetstokjes

ñiɓirgon ñaamdu

pollepel

kuddu luus

spatel

kayit ɗakirteeɗo

garde

iirtude

vergiet

ceɗirgel

zeef

tame

rasp

keefirgel

mortier

moññirgal

barbecue

juɗgol

haardvuur

jeyngol e henndu

snijplank

coppirgal

deegrol

degnirgel ñaamdu
feewnateendu

kurkentrekker

udditirgel butel

blik

buwaat

blikopener

udditirgel buwat

pannenlap

nangirgel pot

gootsteen

siimtude

borstel

boros

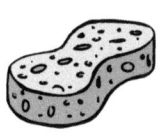

spons

eppoos

blender

jiibirgel

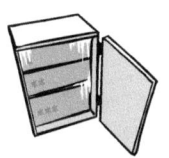

vriezer

battowel galaas

papfles

jardugel tiggu

kraan

robine

badkamer

tarodde

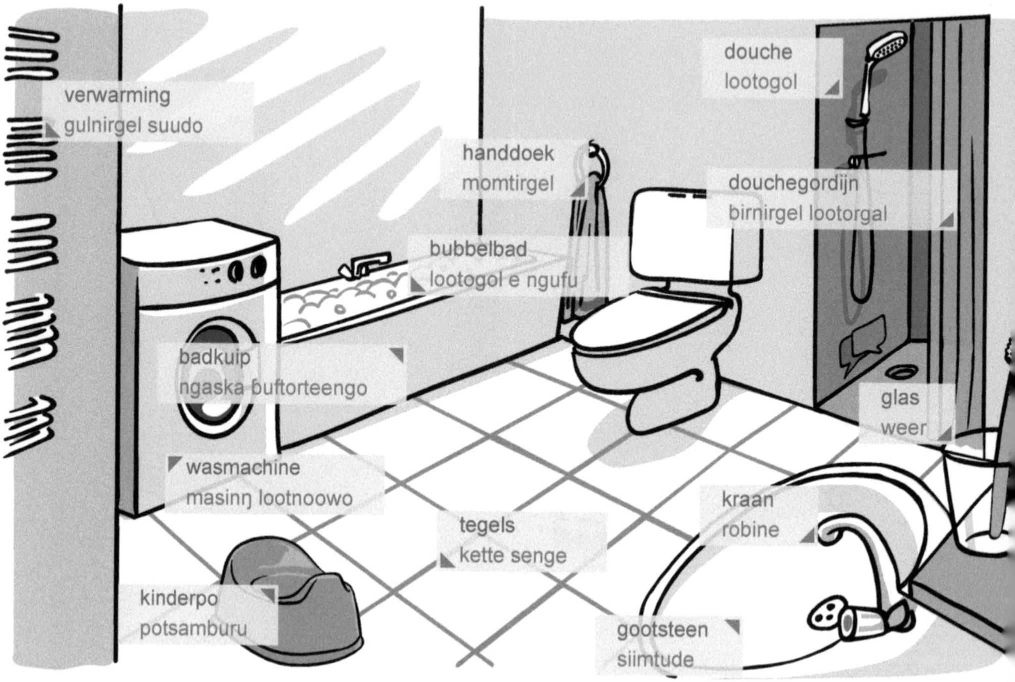
verwarming
gulnirgel suudo
handdoek
momtirgel
douche
lootogol
douchegordijn
birnirgel lootorgal
bubbelbad
lootogol e ngufu
badkuip
ngaska buftorteengo
glas
weer
wasmachine
masinŋ lootnoowo
kraan
robine
tegels
kette senge
kinderpo
potsamburu
gootsteen
siimtude

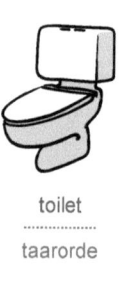

toilet

taarorde

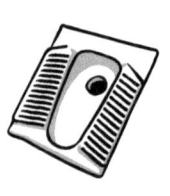

hurktoilet

joɗorgal kuwirteengal

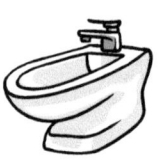

bidet

biisirgel ndiyam

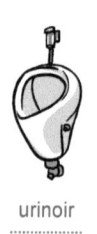

urinoir

taarodde

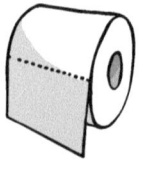

toiletpapier

kaayit momtirɗo

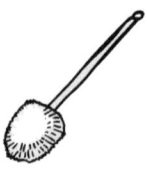

toiletborstel

boros taarorde

tandenborstel

coccorgal ƴiiye

tandpasta

sabunde ƴiiye

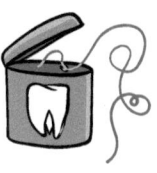

flosdraad

gaarowol ñiire

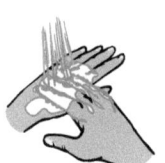

wassen

lawƴude

handdouche

boggol lootirteengol

bidethanddouche

buftogol

waskom

loowirteengel

rugborstel

demirgel huɗo

zeep

sabunnde

douchegel

saabunde buftorteende

shampoo

зampoye

washandje

limsere wiro

afvoer

ciiygol

crème

kerem

deodorant

uurnirgel

spiegel
daandorgal

handspiegel
daandorgal pamoral

scheermes
pembirgel

scheerschuim
ngufu pembol

aftershave
moomiteengel pembol

kam
yeesoode

borstel
boros

haardroger
joornirgel sukunndu

haarlak
peewnirgel sukunndu

make-up
makiyaas

lippenstift
joodirgel toni

nagellak
momtirgel cegeneeji

watten
garowol wiro

nagelknipper
siso cegeneeji

parfum
parfon

toilettas

waxande lootorgal

kruk

kuudi

weegschaal

peesirgal

badjas

wutte cuftorteeɗo

latex handschoenen

gaŋuuji dalli

tampon

momtirer ƴiiƴam ella

maandverband

kuus tiggu

chemisch toilet

lootogol simik

kinderkamer
suudu sakaaɓe

wekker
pindinirgel
knuffel
kullel fijirde
speelgoedauto
oto pijirgel
rammelaar
dillere
poppenhuis
galle pijirgel
geschenk
hannde

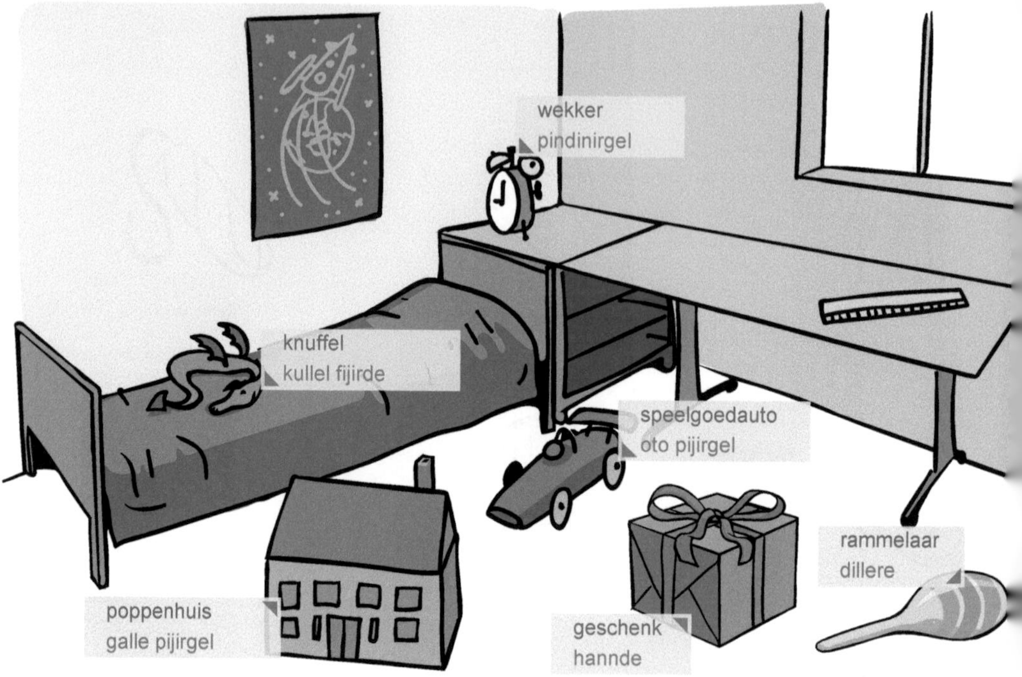

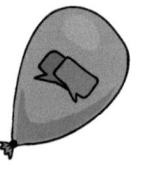

ballon
sumalle dalli

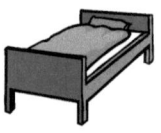

bed
leeso

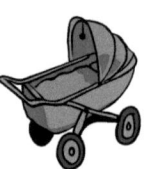

kinderwagen
duñirgel tiggu

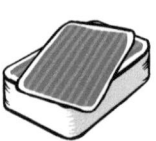

spel kaarten
nokkere karte

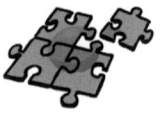

puzzel
fijirde lombondirgol

SUPER
MEGA

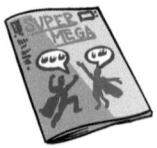

stripboek
njalniika

legoblokjes

pijirgel tuufeeje

blokken

tuufeeje

actiefiguur

pijirgel

kruippakje

comcol tiggu

frisbee

palaat diwwoow

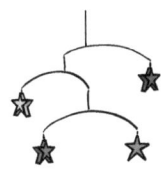

mobiel

noddirgel

bordspel

pijirgel

dobbelsteen

dee

modelspoorweg

ñemtinirgel laana ndegoowa

fopspeen

neɗɗo fuuunti

feest

fijirde

prentenboek

deftere nate

bal

bal

pop

puppe

spelen

fijde

zandbak

mbalka ceenal

schommel

beeltirgal

speelgoed

pijirgel

spelconsole

pijiteengel see widewo

driewieler

welo biifi tati

knuffelbeer

pijirgel kullel urs

kleerkast

armuwaar

kleding

comcol

sokken

kawase

kousen

kawase

maillot

tuubayon bittukon

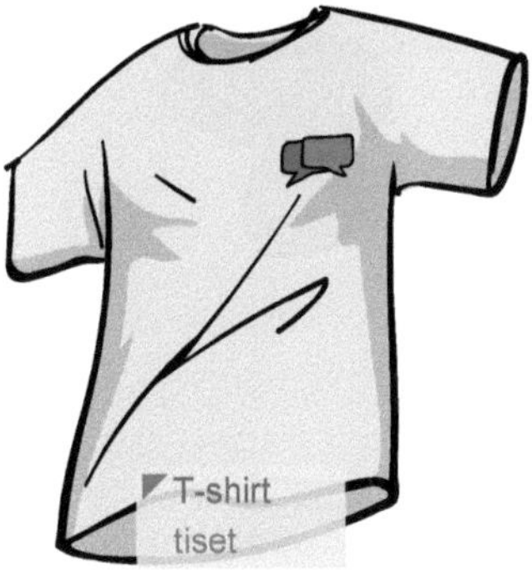

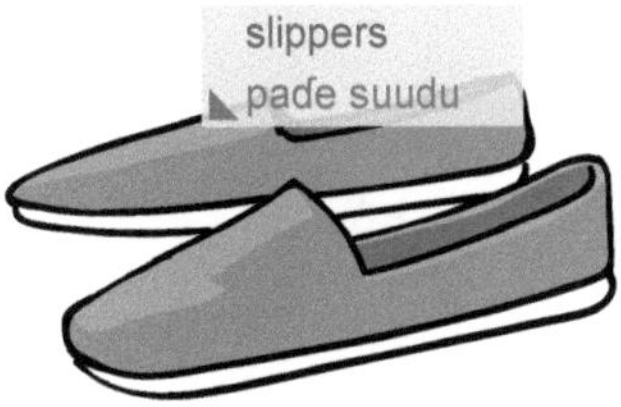

sjaal
musuuro

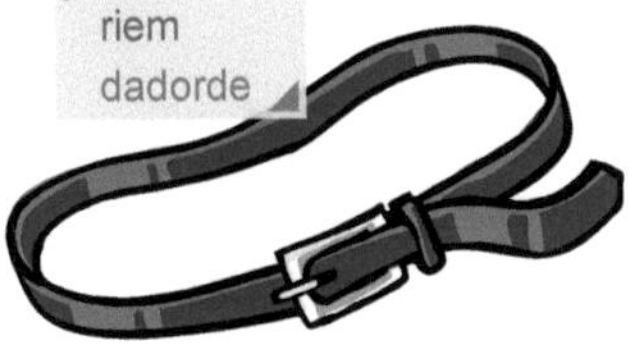

paraplu
paraseewal

riem
dadorde

T-shirt
tiset

sneakers
pade bokkateede

laarzen
pade toowde

slippers
pade suudu

sandalen
pade diwa

schoenen
pade

rubberlaarzen
padde toowde lirotoode

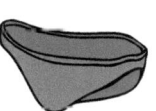

onderbroek
cakkirdi

beha
sucengors

onderhemd
silet

lichaam

banndu

broek

tuuba

jeans

jiin

rok

robbo

blouse

buluson

hemd

simis

trui

piliweer

capuchontrui

weste nebbu

blazer

layset

jas

jaget

jas

weste juuɗɗo

regenjas

wutte tobo

kostuum

kostim

jurk

robbo

trouwjurk

robbo yange

pak

weste

nachthemd

wutte baalduɗo

pyjama

pijama

sari

sari

hoofddoek

muusooro

tulband

kaala

boerka

kaala

kaftan

sabndoor

abaya

abbaay

badpak

comçol lumhirogol

zwembroek

cakkirɗi

short

kilot

trainingspak

joogin

schort

limsere deffowo

handschoenen

gaɲuuji

knoop

boddirgel

bril

lone

armband

jawo

ketting

cakka

ring

feggere

oorbel

hootonde

pet

laafa

kapstok

liggirgal weste

hoed

laafa

das

karawat

rits

zip

helm

laafa ndeenka

bretellen

ganŋ

schooluniform

comcol dudal

uniform

iniform

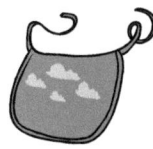

slabbetje

sarbetel daande

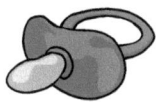

fopspeen

neɗɗo fuuunti

luier

kuus

kantoor

gollirgal

server
serveer
dossierkast
baxane doodiyeeji
printer
jaltinirgel kaayit
papier
kaayit
monitor
ekaran
muis
suuri
bureau
biro
map
caawiirgel doosiyeeji
toestenbord
tappirde
papiermand
suwo kurjut
computer
ordinateer
stoel
jooɗorgal

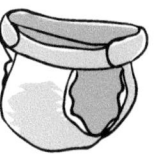

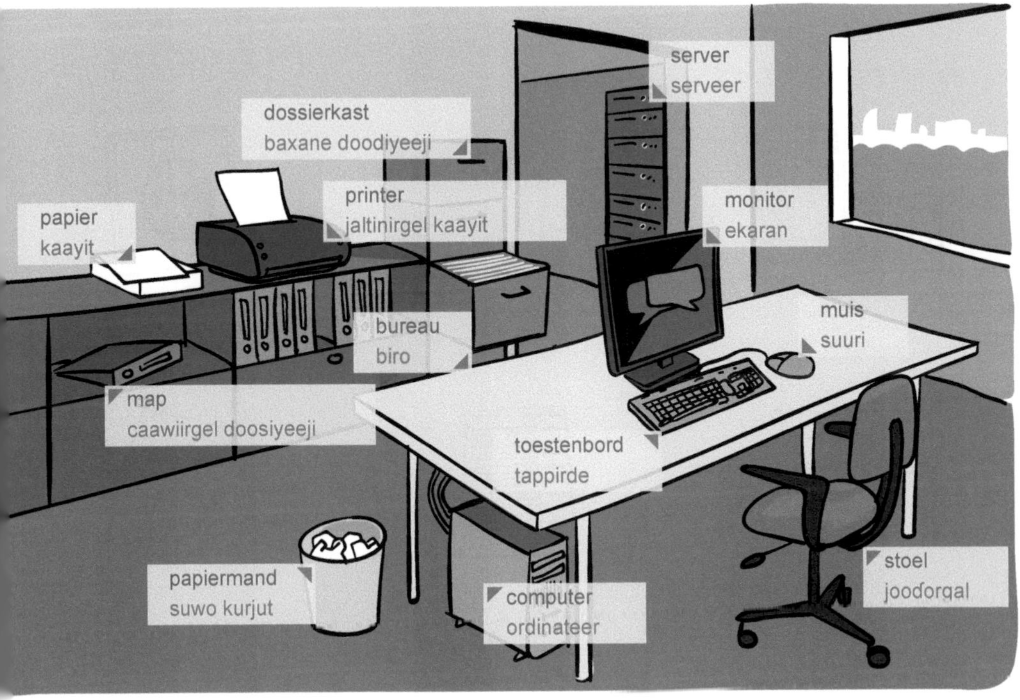

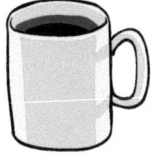

koffiemok

kuppu kafe

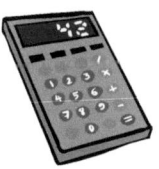

rekenmachine

qiimorgal

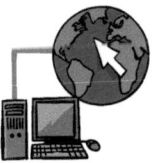

internet

enternet

laptop

ordinateer beelnateedo

brief

bataake

bericht

bataake

gsm

noddirgel

netwerk

reso

kopieerapparaat

cottitirgel

software

losisiyel

telefoon

noddirgel

stopcontact

cenirgel boggol kuura

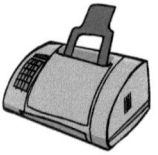

fax

masinŋ faks

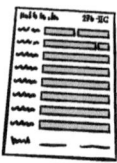

formulier

mbaadi

document

dokiman

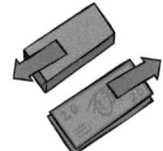

kopen
soodde

betalen
sooďde

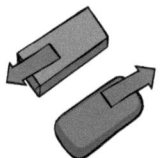

handelen
yeyde

geld
kaalis

USD

dollar
dolaar

EUR

euro
eroo

JPY

yen
yen

RUB

roebel
ruubal

CHF

Zwitserse frank
faran Siwis

CNY

Chinese renminbi
yuwaan renminbi

INR

roepie
rupii

geldautomaat
maciŋ keestorďo kaalis

wisselkantoor

nokku beccugol e neldugol

goud

kanŋe

zilver

kaalis

olie

esaans

energie

sembe

prijs

coggu

contract

kontara

belasting

taks

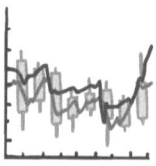

aandeel

marsandiss moftaaɗo

werken

gollude

werknemer

gollinteeɗo

werkgever

gollinoowo

fabriek

isin

winkel

bitik

beroepen
haajuuji

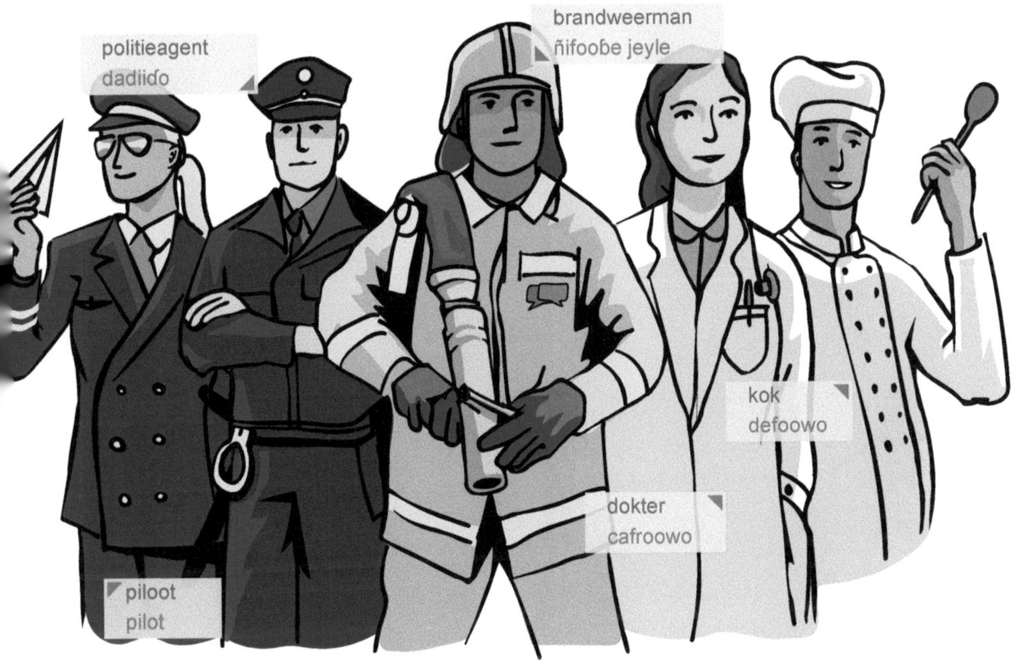
brandweerman
ñifooɓe jeyle
politieagent
dadiiɗo
kok
defoowo
dokter
cafroowo
piloot
pilot

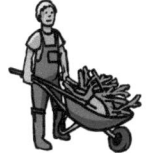

tuinman

toppitiiɗo sardin

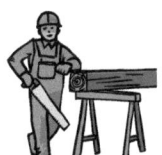

timmerman

minise

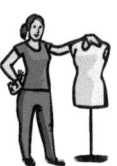

naaister

ñuutoowo

rechter

ñaawoowo

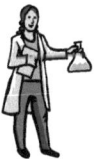

chemicus

simist e ɗemngal farayse

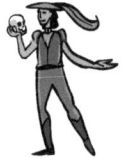

acteur

aktoor

buschauffeur

dognoowo biis

taxichauffeur

dognoowo taksi

visser

gawoowo

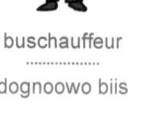

schoonmaakster

pittoowo

dakdekker

cengirɗe huɓeere

ober

carwoowo

jager

daddoowo

schilder

pentiroowo

bakker

piyoowo mburu

elektricien

gollowo kuura

bouwvakker

mahoowo

ingenieur

enseñeer

slager

jeyoowo teew keso

loodgieter

polombiyer

postbode

nawoowo batakuuji

soldaat

kooninke

architect

diidoowo bahanteeri

kassier

kestotooɗo

bloemist

jeyoowo fuloraaji

kapper

mooroowo

conducteur

dognoowo

mecanicien

mekanisiyenŋ

kapitein

kapiteen

tandarts

cafroowo ƴiiƴe

wetenschapper

miijotooɗo

rabbijn

kellifaaɗo dîine to ısraayel

imam

imaam

monnik

muwaan e e ɗemngal
farayse

geestelijke

kellifaaɗo diine heerereeɓe

werktuigen

kuutorɗe

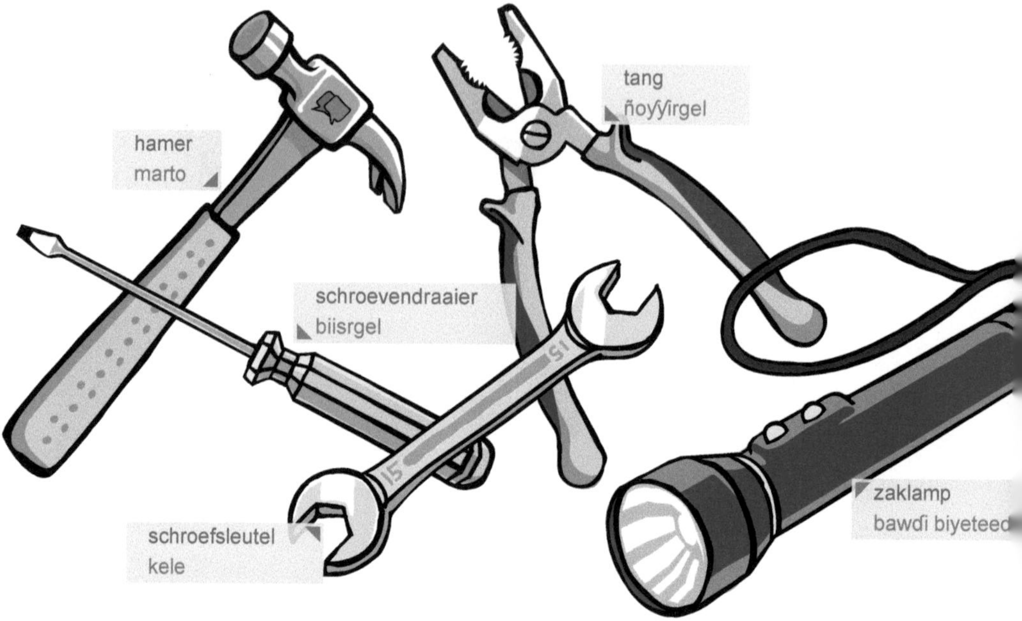
hamer
marto
tang
ñoyƴirgel
schroevendraaier
biisrgel
schroefsleutel
kele
zaklamp
bawɗi biyeteed

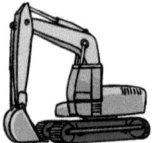

graafmachine

pikku

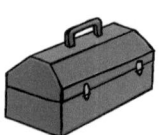

gereedschapskoffer

baxanel kaɓorɗe

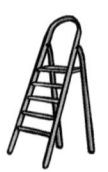

ladder

ŋabbirgal

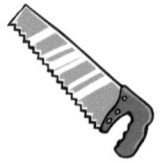

zaag

tayƴirgal

spijkers

ƴiɓirɗe

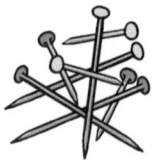

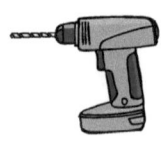

boormachine

julirgal

repareren
fewnitde

schop
nokkirgel

Verdomme!
Soo!

blik
boftirgel kurjut

verfpot
pot penttiir

schroeven
wiisuuji

muziekinstrumenten
kongirgon misik

luidspreker
nantinooji

drumstel
kongateede

gitaar
hoddu

contrabas
duubl baas

trompet
liital

piano

piayaano

viool

wiyolon

basgitaar

baas

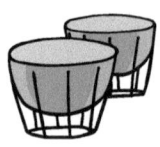

pauk

bowɗi biyeteeɗi timpani

trommels

bawɗi

keyboard

tappirgal

saxofoon

saksofoon

fluit

nguurdu

microfoon

mikoro

ingang
naatirgal

tijger
cewngu jaawlal

kooi
suudu kullal

zebra
puccu ladde

diereneten
ñamdu jawdi

panda
panda

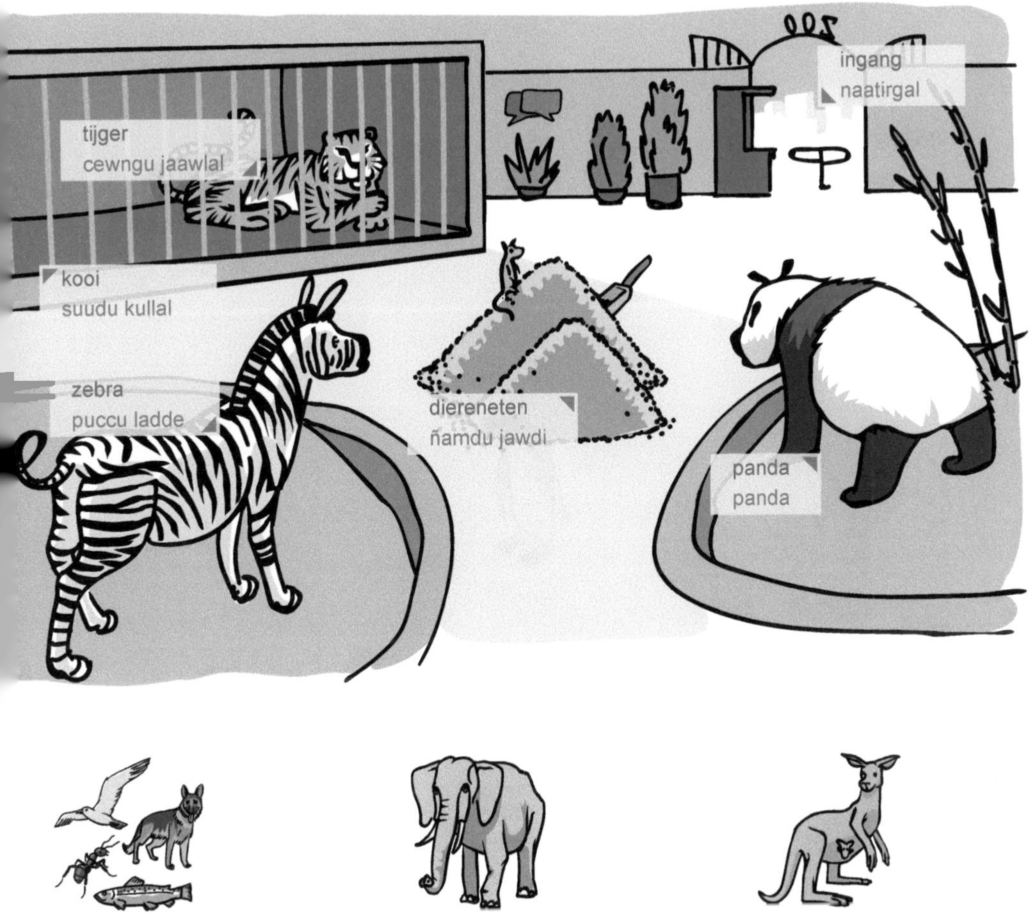

dieren
kulle

olifant
ñiiwa

kangoeroe
kanguru

neushoorn
rinoseros

gorilla
waandu mowndu

beer
urs

kameel

ngelooba

struisvogel

sundu ɓurndu mownude

leeuw

mbaroodi

aap

waandu

flamingo

ñaaral pural

papegaai

seku

ijsbeer

urso galaas

pinguïn

liingu wiyeteendu penguwe

haai

lingu reke

pauw

ndiwri wiyeteendu pawon

slang

laadoori

krokodil

nooro

dierenverzorger

deenoowo zoo

zeehond

togoori ndiyam wiyeteendu
fok e farayse

jaguar

cewngu

pony
molu

luipaard
cewngu

nijlpaard
ngabu

giraffe
njabala

adelaar
ciilal

wild zwijn
mbabba tugal

vis
liingu

zeeschildpad
heende

walrus
kullal biyeteengal morse

vos
renaar

gazelle
lella

rugby
Fuggukoyngel Amerknaaɓe

wielrennen
dognugol welo

tennis
tenis

basketbal
beysbol

zwemmen
lumbagol

boksen
boks

ijshockey
fuggukoyngel e galaas

voetbal

Fuggukoyngel

badminton

badminton

atletiek

atelettuuji

handbal

hanbol

skiën

fijirɗe deggol e nees

polo

polo

springen
diwde

knuffelen
buucaade

lachen
jalde

wandelen
yaade

zingen
yimde

dromen
hoyditaade

bidden
juulde

kussen
buucaade

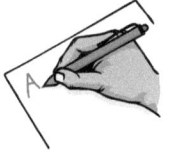

schrijven

windude

tekenen

siifde

tonen

hollude

duwen

duñde

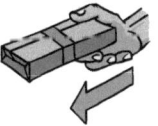

geven

rokkude

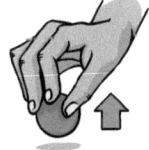

nemen

yettude

hebben

deñde

doen

waɗde

zijn

wonde

staan

ummaade

lopen

dogde

trekken

fooɗde

gooien

weddaade

vallen

yande

liggen

fende

wachten

sabbaade

dragen

roondaade

zitten

jooɗaade

aankleden

ɓoornaade

slapen

ɗaanaade

ontwaken

finde

kijken naar

ẙeewde

wenen

woyde

aaien

helde

kammen

yeesaade

praten

haalde

begrijpen

faamde

vragen

naamnaade

luisteren

heɗaade

drinken

yarde

eten

ñaamde

opruimen

hawrinde

houden van

yiɗde

koken

defde

rijden

dognude

vliegen

diwde

zeilen

awyůde

rekenen

qimaade

Lezen

jangude

leren

jangude

werken

gollude

trouwen

resde

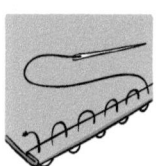

naaien

ñootde

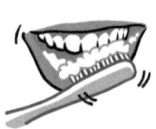

tandenpoetsen

soccaade ỹiiỹe

doden

warde

roken

simmaade

sturen

neldude

moeder
raaɗo debbo

grootvader
taaniraaɗo gorko

vader
baabiraaɗo

moeder
yummiraaɗo

baby
tiggu

dochter
biɗɗo debbo

zoon
biɗɗo gorko

gast

koɗo

tante

goggiraaɗo

oom

kaawiraaɗo

broer

mowniraaɗo gorko

zus

mowniraaɗo debbo

lichaam
bandu

voorhoofd
tiinde

oog
yiitere

schouder
walabo

gezicht
yeeso

vinger
feɗendu

kin
waare

hand
jungo

borst
endu

been
koyngal

arm
jungo

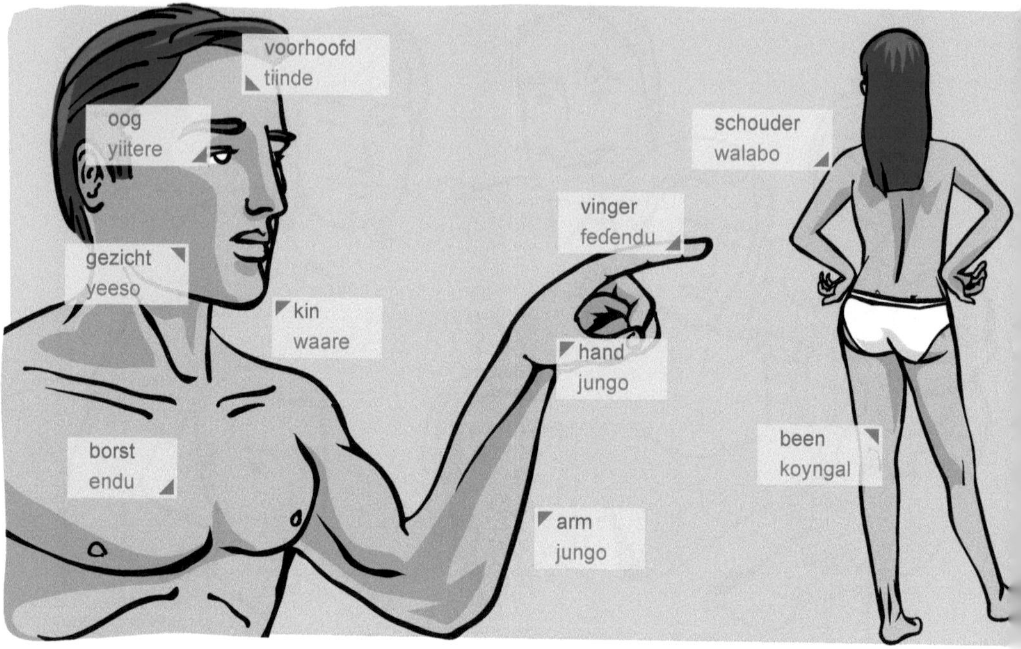

baby

tiggu

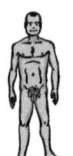

man

gorko

vrouw

debbo

meisje

deftere kongoli

jongen

suka gorko

hoofd

hoore

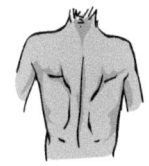

rug
keeci

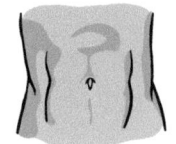

buik
reedu

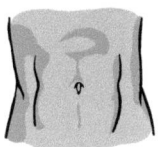

navel
wuddu

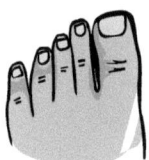

teen
feɗendu koyngal

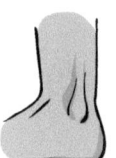

hiel
jabborgal

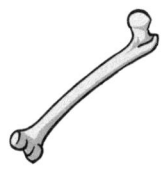

bot
yiyal

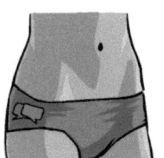

heup
rotere

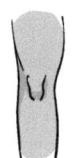

knie
hofru

elleboog
salndu junngu

neus
hinere

zitvlak
dote

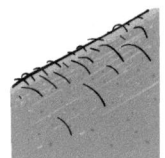

huid
nguru

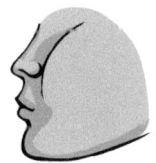

wang
abbulo

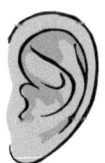

oor
nofru

lip
tonndu

mond

hunuko

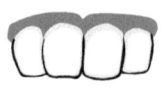

tand

ñiire

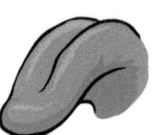

tong

ɗemngal

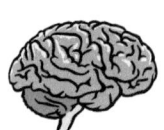

hersenen

ngaandi

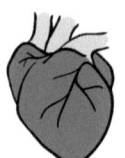

hart

ɓernde

spier

ɣiyal

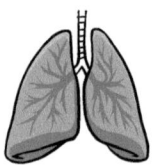

long

wecco

lever

heeñere

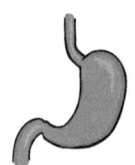

maag

estoma

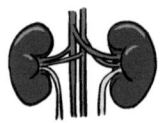

nieren

tekteki mawni

seks

terɗe

condoom

laafa ndeenka

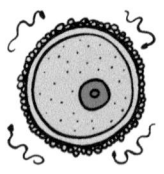

eicel

boccoonde maniya

sperma

maniya

zwangerschap

reedu

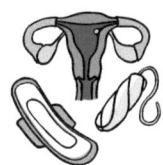

menstruatie

yiiƴam ella

vagina

farja

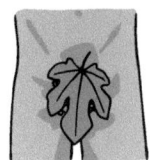

penis

kaake

wenkbrauw

leebi dow yiitere

haar

sukunndu

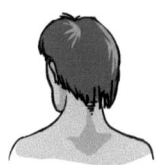

nek

daande

ziekenhuis
suudu safirdu

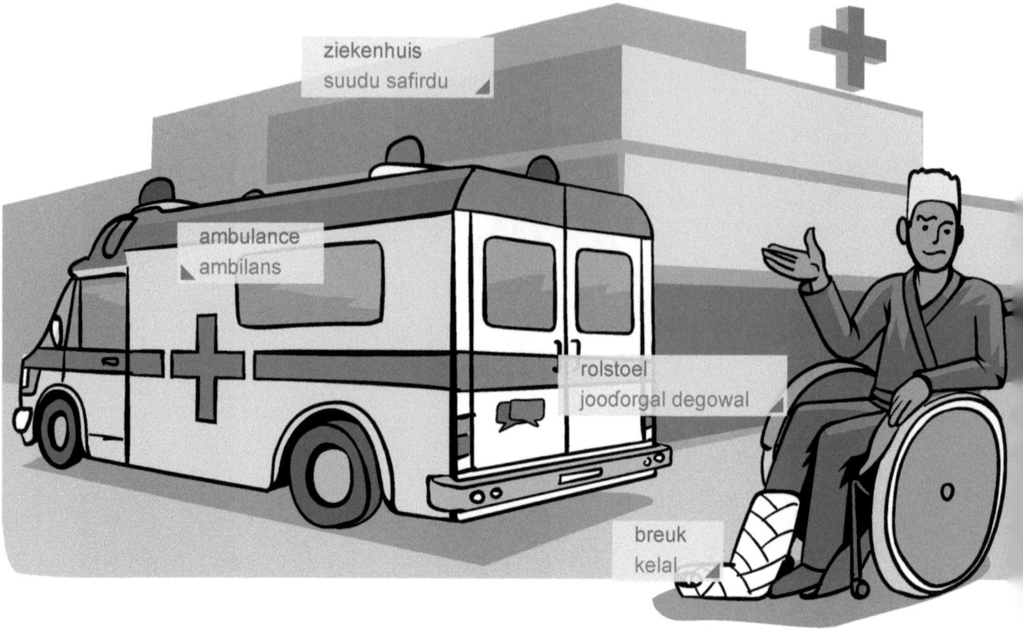

ziekenhuis
suudu safirdu
ambulance
ambilans
rolstoel
jooɗorgal degowal
breuk
kelal

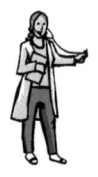

dokter
cafroowo

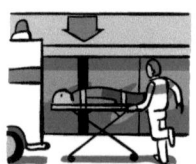

spoed
suudo irsaans

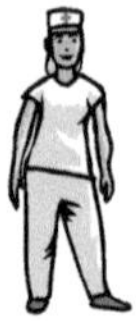

verpleegkundige
cafroowo

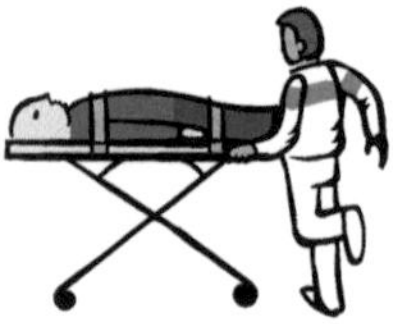

noodgeval
irsaans

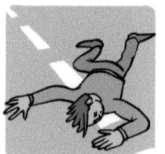

bewusteloos
paɗɗiiɗo

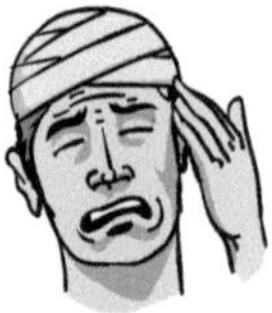

pijn
muuseeki

verwonding
gaañande

bloeding
tuyƴude

hartaanval
ɓernde dartiinde

beroerte
darogol ɓernde

allergie
alersi

hoest
ɗojjugol

koorts
nguleeki ɓandu

griep
maɓɓo

diarree
reedu dogooru

hoofdpijn
muuseeki hoore

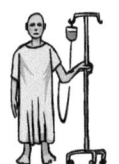

kanker
kanser

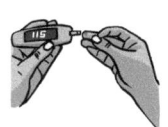

diabetes
jabet

chirurg
operasiyon

scalpel
ceekirgel

operatie
operasiyon

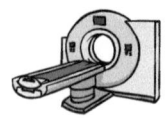

CT

CT

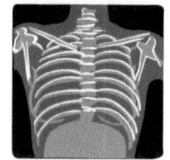

röntgenstraal

reyon-x

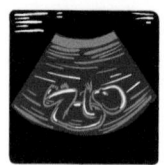

ultrageluid

iltarason

gezichtsmasker

mask yeeso

ziekte

ñaw

wachtkamer

suudu sabbordu

kruk

sawru tuggorgal

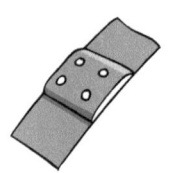

pleister

palatar

verband

bandaas

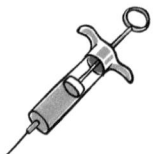

injectie

pikkitagol

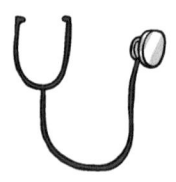

stethoscoop

keɗirgel dille bandu

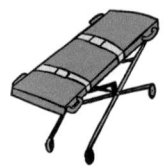

brancard

balankaaru

thermometer

betirgel nguleeki ɓanndu

geboorte

jibinegol

overgewicht

bandu ɓurtundu

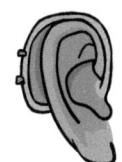

hoorapparaat

ballotirgel nonooje

ontsmettingsmiddel

desefektan

infectie

infeksiyon

virus

viris

HIV / AIDS

HIV / SIDA

medicijn

safaara

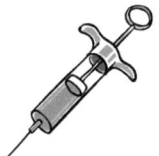

vaccinatie

ñakko

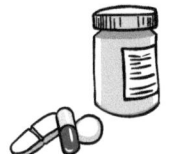

tabletten

tabletuuji

pil

foɗɗere

noodoproep

noddaango heñoraango

bloeddrukmeter

betirgel dogdu ƴiiƴam

ziek / gezond

sellaani / salli

Help!	alarm	overval
Paaboɗe!	tintinirgel	jangol

aanval	gevaar	nooduitgang
yande e	musiiba	damal dandirgal

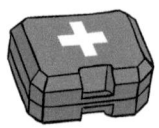		
Brand!	brandblusser	ongeval
Paaboɗe!	ñifirgel jeynge	aksida

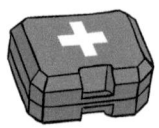		
EHBO-kit	SOS	politie
geɗe cafrorɗe gadane	BALLAL	Polis

Europa

Erop

Noord-Amerika

Amerik to Rewo

Zuid-Amerika

Amerik to Worgo

Afrika

Afiriki

Azië

Asi

Australië

Ostarali

Atlantische Oceaan

Atalantik

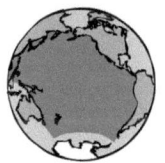

Stille Oceaan

Pasifik

Indische Oceaan

Oseyan Enje

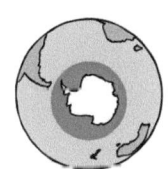

Antarctische Oceaan

Oseyan Antarktik

Arctische Oceaan

Osean Arkatik

Noordpool

Bange Rewo

Zuidpool
Bange Worgo

Antarctica
Antarktik

aarde
Leydi

land
leydi

zee
maayo mawngo

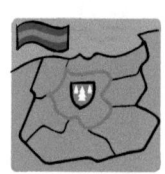

eiland
wuro nder ndiyam

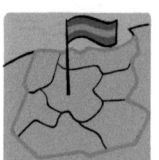

natie
leydi

staat
jamaanu

wijzerplaat

yeeso montoor

uurwijzer

misalel waqtu

minuutwijzer

misalel hojomaaji

secondewijzer

misalel majanɗe

Hoe laat is het?

Hol waqtu jonɗo?

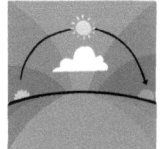

dag

ñalawma

tijd

saha

nu

jooni

digitale horloge

montoor disitaal

minuut

hojom

uur

waqtu

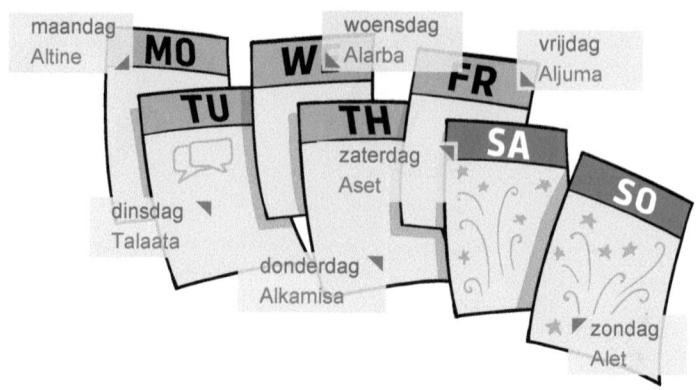

maandag
Altine

woensdag
Alarba

vrijdag
Aljuma

dinsdag
Talaata

zaterdag
Aset

donderdag
Alkamisa

zondag
Alet

gisteren

hanki

vandaag

hande

morgen

jango

ochtend

subaka

middag

beetawe

avond

kikiiɗe

werkdagen

ñalawmaaji golle

weekend

ñalamaaji fooftere

jaar
hitaande

regenboog
timtimol
regen
tobo
sneeuw
nees
wind
hendu
lente
caggal dabbunde
herfst
dabbunde
zomer
ndungu
winter
dabbunde

4.APRIL 11°
5.APRIL 4°
6.APRIL 13°
7.APRIL 8°
8.APRIL 10°

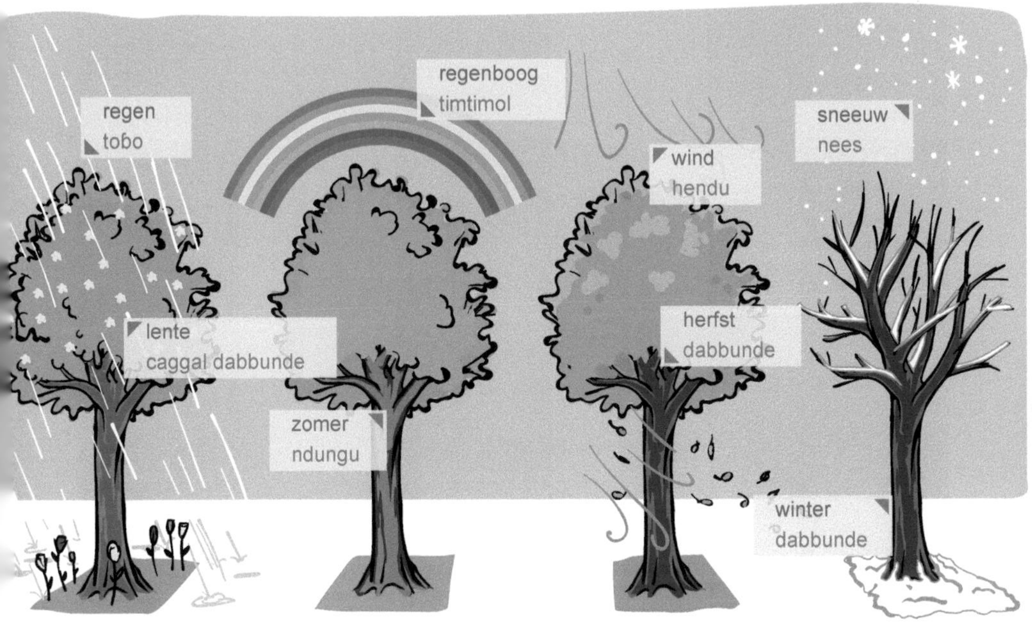

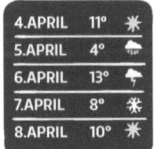

weervoorspelling

kabrugol geɗe weeyo

F C
120 40
90 30
60 20
30 10
0 0
-30 -10
-20

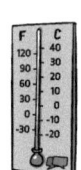

thermometer

ɓetirgal nguleeki

zonneschijn

nguleeki naange

wolk

duulal

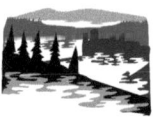

mist

niɓɓere niwri

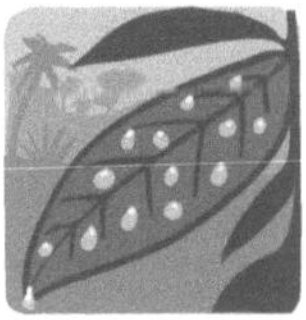

vochtigheid

ɓuuɓol

bliksem

majaango

donder

gidango

storm

hendu yaduungo e gidaali

hagel

toɓo mawngo

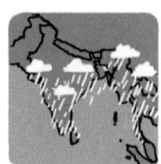

moesson

keneeli mawɗi

overstroming

toɓo yooloongo

ijs

galaas

januari

Janwiye

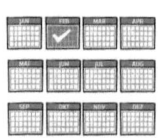

februari

Feeviriye

maart

Mars

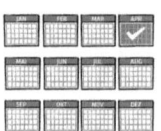

april

Awril

mei

Me

juni

Suwe

juli

Suliye

augustus

Ut

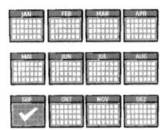

september
....
Setanbar

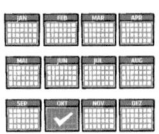

oktober
....
Oktobar

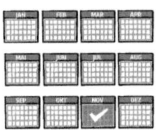

november
....
Noowambar

december
....
Desambar

vormen
Mbaadi

cirkel
....
taariɗum

kwadraat
....
bangeeji potɗi

rechthoek
....
rektangal

driehoek
....
tiriyangal

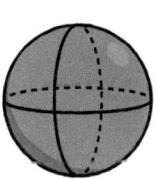

bol
....
esfeer

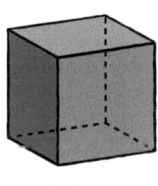

kubus
....
kib

wit

deneejo

geel

puro

oranje

oraas

roze

roos

rood

boɗeejo

paars

yolet

blauw

bulaajo

groen

werte

bruin

baka

grijs

giri

zwart

ɓaleejo

veel / weinig

heewi / famɗi

boos / kalm

mittinɗo / deeyɗo

mooi / lelijk

yooɗi / soofi

begin / einde

fuɗɗorde / gasirde

groot / klein

mawni / famɗi

licht / donker

leeri / ɗiɓɓiɗi

broer / zus

ₐawniraaɗo gorko / debbo

proper / vuil

laaɓi / tulmi

volledig / onvolledig

timmi / manki

dag / nacht

ñalawma / jamma

dood / levend

mayi / wuuri

breed / smal

yaaji / ɓitti

eetbaar / oneetbaar

ñaame / ñaametaake

kwaadaardig / vriendelijk

bonɗum / moyƴi

opgewonden / verveeld

weelti / deeyî

dik / dun

ɓutto / cewɗo

eerst / laatst

gadiiɗo / cakkitiiɗo

vriend / vijand

sehil / gaño

vol / leeg

heewi / ɓolɗi

hard / zacht

tiiɗi / hoyi

zwaar / licht

teddi / hoyi

honger / dorst

heege / ɗomka

ziek / gezond

sellaani / salli

illegaal / legaal

dagaaki / dagi

intelligent / dom

ƴoyî / ƴiƴaani

links / rechts

ñaamo / nano

dichtbij / veraf

ɓadi / woɗɗi

nieuw / gebruikt

keso / kiiɗɗo

niets / iets

haydara / huunde

oud / jong

nayeeji / suka

aan / uit

ne heen / ala heen

open / dicht

udditi / uddi

stil / luid

deeyi / dilla

rijk / arm

galo / baasɗo

juist / fout

feewi / feewaani

ruw / glad

tekki / ɗaati

droevig / blij

suni / weelti

kort / lang

dabbo / jutɗo

traag / snel

leeli / yaawi

nat / droog

leppi / yoori

warm / koud

wuli / buubi

oorlog / vrede

hare / jam

0	1	2
nul	één	twee
meere	goo	ɗiɗi

3	4	5
drie	vier	vijf
tati	nay	joy

6	7	8
zes	zeven	acht
jeegom	seeɗiɗi	jeetati

9	10	11
negen	tien	elf
jeenay	sappo	sappo e goo

12

twaalf

sappo e ɗiɗi

13

dertien

sppo e tati

14

veertien

sappo e nay

15

vijftien

sappo e joy

16

zestien

sappo e jeegom

17

zeventien

sappo e jeeɗiɗi

18

achtien

sappo e jeetati

19

negentien

sappo e jeenay

20

twintig

noogas

100

honderd

teemedere

1.000

duizend

ujunere

1.000.000

miljoen

miliyonŋ

ɗemɗe

Engels

Angale

Amerikaans Engels

Angale Amerik

Chinees (Mandarijn)

Mandare Siin

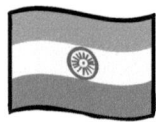

Hindi

Indo

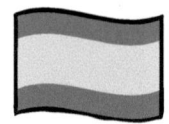

Spaans

Español

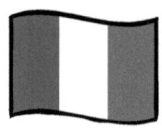

Frans

Farayse

Arabisch

Arab

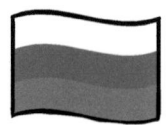

Russisch

Riis

Portugees

Portige

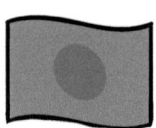

Bengali

Bengali

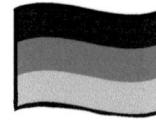

Duits

Alma

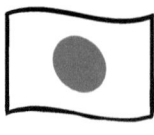

Japans

Sappone

ik

miin

u

ann

hij / zij / het

kanŋko / kanŋko / kañum

wij

minen

u

onon

ze

kambe

wie?

holi oon?

wat?

hol đum?

hoe?

hol no?

waar?

hol toon?

wanneer?

mande?

naam

innde

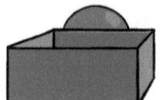

achter

caggal

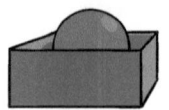

in

nder

voor

yeeso

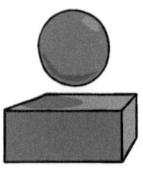

boven

hedde

op

dow

onder

les

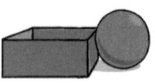

naast

sara

tussen

hakkunde

plaats

nokku